DISCOURS

Prononcés sur la tombe de

M. LE DR EMILE BLANC

CHEVALIER DE LA LÉGION D'HONNEUR

LAURÉAT DE LA FACULTÉ DE PARIS

Le 27 Août 1884

A SAINT-BONNET-LE-CHATEAU

LYON

IMPRIMERIE A. WALTENER ET Cᵒ

14, RUE BELLE-CORDIÈRE, 14

1884

DISCOURS

Prononcés sur la tombe de

M. LE DR EMILE BLANC

CHEVALIER DE LA LÉGION D'HONNEUR

LAURÉAT DE LA FACULTÉ DE PARIS

Le 27 Août 1884

À SAINT-BONNET-LE-CHATEAU

∞∞∞

LYON

IMPRIMERIE A. WALTENER ET Cᵉ

14, RUE BELLE-CORDIÈRE, 14

1884

DISCOURS

M. L'ABBÉ AVRIL

Messieurs,

Laissez-moi déposer sur cette tombe une parole du cœur; une parole d'ami et de frère.

Nous avons grandi avec ce cher Émile; nous avons vécu en contact avec son cœur; plus que personne nous avons pu en mesurer et nous pouvons en dire tous les trésors.

Son cœur ! qui d'entre nous ne l'a apprécié ? Qui n'en a ressenti les bienfaits ? Ils
sont nombreux ici ceux à qui il a rendu
quelques services, et si tous n'y ont pas
participé, c'est l'occasion seule qui en a
manqué. Aussi sur les lèvres de tous, j'en
suis sûr, je surprendrais à cette heure cet
éloge bien simple et bien court, mais qui
en vaut bien un autre : M. Emile, c'était
un cœur d'or.

Pas un besoin, pas une misère, pas une
œuvre de charité qui ne soit venue frapper
à sa porte et qui n'ait été accueillie ; il donnait toujours sans compter, donnait son or,
donnait son temps ; donnait sa santé, sa
vie même pour le soulagement de ses frères.
Hélas ! il est mort à la peine, notre cher
Emile. Il n'y a que quelques jours encore

il était au service de ses malades ; s'oubliant complètement lui-même le plus malade de tous, et il s'est arrêté à peine pour mourir.

Messieurs, à qui se donne, qui se dépense de la sorte, Dieu a promis le centuple en ce monde et la vie éternelle en l'autre. Le centuple, notre Emile l'a eu ; sa prospérité temporelle a été prodigieuse. En quelques années il s'était conquis une position que tant d'autres mettent toute une vie à conquérir ; d'un coup d'aile, il s'était rangé parmi les célébrités médicales de notre ville de Lyon. Comme compatriote, comme ami, comme prêtre de la maison des Chartreux où il avait été élevé, nous étions fiers de lui ; il nous honorait tous. Nous voyions avec orgueil nos plus grands docteurs l'entourer de leur estime et faire appel quelquefois même à ses lumières. Que nous importait, au milieu de tout cela, quelques notes discordantes de quelques jaloux (il n'est pas donné à tous de faire des jaloux). Quelle meilleure réponse ? quel meilleur témoignage, que cette clientèle nombreuse, pressée ? De partout riches et pauvres, grands personnages, princes même de l'Eglise, accouraient auprès de lui. Pour les pauvres surtout, on connaît son désintéressement. Son abord si facile, son aménité de paroles et de manières, ses formes exquises lui attiraient et lui conciliaient tous les cœurs. Aussi, nous en sommes sûr, sa mort sera un vrai deuil pour tous ses clients. Ce n'est pas seulement un docteur habile que l'on perd ; c'est un véritable ami.

Mais, si cette bonté a eu les faveurs de la terre, elle a eu et elle aura encore bien plus les faveurs du ciel. Dieu a des miséricordes infinies pour les bons cœurs. Et parmi tant de faveurs nous considérerons toujours comme une des plus précieuses d'être venu mourir dans son pays qu'il aimait tant; au milieu de tous les siens, entouré des soins affectueux et les plus intelligents, au milieu enfin de **toutes** les tendresses et de tous les dévouements. Et, Messieurs et chers amis, si j'ai quelque chose à vous souhaiter à tous et à désirer pour moi : c'est d'avoir un jour pour mourir un entourage aussi dévoué, aussi courageux, aussi chrétien. Sa mort a été sereine, bonne comme sa vie, et tout nous donne les consolations les meilleures, les

espérances les plus douces, celles de l'éternité.

Notre Emile est venu mourir dans la
foi de sa mère; auprès de la croix qui
abrita son berceau et qui doit ombrager sa
tombe.

Oui, cher ami nous espérons beaucoup ;
mais nous prierons quand même pour
vous, et de là-haut vous continuerez à nous
faire du bien; vous consolerez vous-même
ceux que vous laissez dans les larmes : une
pauvre femme qui en apprenant à vous
connaître n'a appris qu'à vous aimer, et
qui, mieux que personne, comprend l'éten-
due de sa perte, un père, des frères et des
amis à qui vous venez de faire le premier
chagrin.

Plus qu'un merci, cher ami, pour tout ce

que vous avez fait pour nous, et que Dieu vous le rende dans son éternité. C'est là que nous vous retrouverons ; c'est là que nous nous retrouverons tous, pour ne plus jamais nous séparer. Qu'est-ce que le temps, qu'est-ce que l'espace pour des cœurs que l'éternité doit réunir un jour. Non, non cher ami, à des cœurs comme le vôtre entre nous on ne se dit pas adieu, mais : au revoir !

DISCOURS

PRONONCÉ PAR

M. LE DOCTEUR PITAVY

DE VIVEROLS

MESSIEURS,

Nous venons d'accompagner ici, pour lui adresser le suprême adieu, un homme de grand cœur et un médecin de grand talent.

L'homme, vous l'avez tous connu et apprécié dès longtemps déjà. Pour un grand nombre d'entre vous c'était un camarade d'enfance, pour la plupart un compatriote, pour tous un ami. Le docteur Blanc avait, en effet, comme on vient de vous le dire dans un langage débordant d'émotion, cette délicatesse de caractère, cette urbanité exquise, cette puissance d'attraction qui charment ceux qui approchent ces natures d'élite. Son cœur était tout entier à ses amis, comme sa science et son dévouement étaient tout entiers à ses malades.

Il meurt, hélas ! de son excès de dévouement.

Touché déjà par les premières atteintes de la maladie, il se refusait, malgré les prières des siens, à prendre tout repos, et il continuait, malgré la souffrance, à dépenser sa santé et son énergie au profit des malades.

Vaincu enfin, il revenait dans ce cher

pays natal, espérant peut-être que l'air doux et pur qu'y avait respiré sa jeunesse retremperait encore ses forces et son courage épuisés. Enfant de notre montagne, il avait toujours gardé pour elle un pieux et nostalgique souvenir, et il était heureux chaque fois qu'il lui était donné de quitter pour quelques instants les nombreux et pénibles soucis de sa haute position médicale, pour revenir au nid calme et doux de ses jeunes années se reposer dans l'affectueuse tendresse de sa famille.

Sa grande réputation de spécialiste vous a appris depuis longtemps ce qu'il était comme médecin.

En quelques années le docteur Blanc avait conquis une situation telle qu'il était considéré, à juste titre, comme une des sommités médicales de notre région lyonnaise. Quoique jeune encore il était déjà en pleine possession de son talent et de sa grande renommée. C'est que, parmi les qualités de sa belle intelligence, une surtout se distinguait entre toutes : il aimait passionnément son art. Ce fut là la principale source de son immense succès, la première cause de sa grande réputation. Hélas ! ce fut aussi la cause de sa mort !... Mais cette pensée que le cher défunt est mort victime du travail et du devoir doit être, par le noble exemple qu'elle offre à tous, un sujet de réconfort et d'allégement à la douleur de sa sympathique et vénérée famille.

Le devoir, tel fut toujours, en effet, le mobile de chacun de ses actes, le but vers lequel il dirigea, sans dévier jamais, tous les efforts de sa trop courte existence, et le signe des braves qu'il portait sur sa poitrine vous dit assez qu'aux jours troublés et sanglants où la Patrie agonisait, il avait fait, encore et toujours, généreusement son devoir.

Sur les bords de cette tombe prématurément ouverte, mêlons donc nos larmes amies aux larmes d'une famille désolée, mais saluons avec un respectueux orgueil celui qui est tombé victime du travail et du dévouement.

Imp. WALTENER ET Cⁱᵉ, rue Belle-Cordière, 14. — Lyon.